Héritier-Richard ADROMA VONDA

Lettres aux présidents

Héritier-Richard ADROMA VONDA

Lettres aux présidents

Dictus Publishing

Imprint
Any brand names and product names mentioned in this book are subject to trademark, brand or patent protection and are trademarks or registered trademarks of their respective holders. The use of brand names, product names, common names, trade names, product descriptions etc. even without a particular marking in this work is in no way to be construed to mean that such names may be regarded as unrestricted in respect of trademark and brand protection legislation and could thus be used by anyone.

Cover image: www.ingimage.com

Publisher:
Dictus Publishing
is a trademark of
Dodo Books Indian Ocean Ltd. and OmniScriptum S.R.L publishing group

120 High Road, East Finchley, London, N2 9ED, United Kingdom
Str. Armeneasca 28/1, office 1, Chisinau MD-2012, Republic of Moldova, Europe
Managing Directors: Ieva Konstantinova, Victoria Ursu
info@omniscriptum.com

Printed at: see last page
ISBN: 978-620-2-47902-8

INTRODUCTION

<<Bonjour chers présidents de la RDC>> n'est pas simplement une collection de lettres, mais un acte symbolique, une manière de rendre hommage aux hommes qui ont dirigé notre pays à travers les décennies. Ce livre est un espace de dialogue, un cri du cœur qui cherche à comprendre, à questionner, et parfois à confronter les actions et les choix de ceux qui ont pris les rênes de la République Démocratique du Congo. Chacune de ces lettres, adressée à un président particulier, est une invitation à la réflexion sur l'héritage qu'ils ont laissé, les erreurs qu'ils ont commises et, surtout, les espoirs qu'ils ont suscités.

Le titre *Bonjour chers présidents de la RDC* est plus qu'un simple salut ; il exprime un amour profond, une reconnaissance sincère pour le rôle que chacun d'entre eux a joué dans l'histoire de notre nation. Il témoigne aussi de la confiance et du respect qu'on a pour eux malgré leurs faiblesses et leurs défis, ont assumé la lourde tâche de conduire notre pays. L'amour dont il est question ici n'est pas celui d'une admiration aveugle, mais celui d'un citoyen qui cherche à comprendre, à guérir, et à espérer un avenir meilleur pour la RDC.

Je m'adresse à chacun d'entre vous, mes chers présidents, parce que, en tant que peuple congolais, nous avons toujours cru en vous. Nous avons cru en vos promesses de paix, de justice, de réconciliation et de progrès. Ce livre est une tentative de rappeler ces idéaux et de remettre sur la table les enjeux qui n'ont pas été résolus. À travers ce dialogue fictif, je demande des comptes, mais aussi des solutions. Car, après tout, chaque décision prise a façonné notre réalité, et il est essentiel de poser ces questions aujourd'hui afin de construire un futur meilleur pour tous les Congolais.

À vous, chers présidents, ces lettres sont un hommage, mais également une invitation à la responsabilité, un appel à l'écoute de la voix du peuple, car c'est dans la réconciliation avec notre passé que nous trouverons les clés pour un avenir plus serein et plus prospère.

OBJECTIF

Le principal objectif est de créer un espace de réflexion, de mémoire et de questionnement sur la gouvernance en RDC. Ce projet souhaite non seulement rendre hommage aux présidents qui ont marqué l'histoire du pays, mais aussi encourager une prise de conscience collective sur les défis actuels et les espoirs pour l'avenir. En s'adressant directement aux présidents, j'espère susciter un dialogue entre le peuple et ses dirigeants, en mettant en lumière les problèmes persistants et en plaidant pour un changement radical en matière de leadership, de justice, et de gouvernance.

LETTRE À PATRICE LUMUMBA

Chère mémoire de Monsieur Patrice Lumumba,

Je me permets de vous écrire, non seulement pour honorer votre mémoire, mais aussi pour rendre hommage à l'héritage immense que vous avez laissé à notre nation. Vous êtes l'un des pères fondateurs de la République Démocratique du Congo, et votre vision d'une nation libre, autonome et prospère reste l'un des principes fondamentaux de notre idéal collectif. Vous avez incarné l'espoir d'une Afrique émancipée et fière, d'un Congo débarrassé du joug colonial et prêt à tracer sa propre route.

Votre discours historique du 30 juin 1960 à la cérémonie de l'indépendance résonne encore aujourd'hui dans les esprits des Congolais. C'était un cri du cœur, un appel à la dignité et à l'unité nationale, un moment où vous avez non seulement annoncé la fin de l'ère coloniale, mais aussi la naissance d'une nation prête à se relever après des décennies d'humiliation. Vous avez affirmé avec une grande force :

« Nous avons vécu dans la douleur et dans la misère, la terreur et l'humiliation, mais nous avons aussi été nourris de cet idéal. Nous, Congolais, avons trop souffert et, grâce à notre lutte, notre indépendance a été arrachée de haute lutte. [...] C'est le moment d'unir nos forces, d'effacer les divisions du passé, de bâtir un avenir commun, sans exploitation, sans discriminations. »[1]

Ces mots, puissants et empreints d'une détermination sans égale, ont marqué non seulement les Congolais de l'époque, mais aussi toute l'Afrique qui aspirait à la décolonisation et à la dignité. Vous avez su incarner l'espoir de millions de personnes, non seulement à travers votre vision d'un Congo libre et souverain, mais également à travers la façon dont vous avez défendu l'unité nationale, le respect des droits et la justice sociale.

Cependant, votre courage et votre détermination, qui ont fait de vous un héros de l'indépendance, ont aussi été la cause de votre tragique destin. Votre assassinat, quelques mois après votre prise de pouvoir, a marqué un tournant décisif dans l'histoire de notre pays. Cet acte brutal a non seulement arraché la vie d'un homme exceptionnel, mais il a aussi déstabilisé la nation congolaise. Votre disparition a ouvert la voie à des luttes internes, des coups d'État, et des conflits qui ont marqué les premières décennies de l'indépendance du pays.

Votre assassinat a montré l'ingérence des puissances étrangères dans les affaires congolaises. Celles-ci, qui ont vu en vous une menace à leurs intérêts, ont contribué à l'instabilité du pays. Si vous aviez

---

[1] Cf.De Witte, Ludo. *Patrice Lumumba, l'homme politique et le martyr. Édition* : Verdier, 2000. Pages : 55-71.

survécu, vous auriez peut-être permis à la RDC de trouver son chemin plus rapidement, d'unir ses peuples dans un esprit de paix et de coopération. La perte de votre vision a laissé un vide difficile à combler, et les conflits internes qui en ont découlé ont retardé l'édification du Congo que vous rêviez.[2]

Votre héritage, cependant, a survécu au fil des années. Vous êtes devenu un symbole de résistance, non seulement contre le colonialisme, mais aussi contre toute forme d'oppression et d'injustice. Aujourd'hui encore, vos idéaux de souveraineté et de dignité nationale continuent de guider ceux qui, comme vous, croient en un Congo indépendant et prospère. À travers les années de guerre et de conflits, vos mots ont résonné dans les esprits et les cœurs des Congolais qui n'ont jamais cessé de lutter pour les principes de justice, d'égalité et de solidarité que vous portiez fièrement.[3]

Je suis convaincu que c'est dans la lutte pour la justice sociale, la démocratie et le respect des droits humains que nous pouvons vraiment honorer votre mémoire. En ce moment critique de l'histoire de notre pays, nous devons nous rappeler de vos idéaux et de votre vision d'une nation unie et souveraine, loin des intérêts étrangers et des divisions internes. Nous avons encore tant à faire pour réparer les

---

[2] Cf. *La décolonisation de l'Afrique* de Jean-Pierre Le Goff. Édition : Gallimard, 2012. Pages : 124-128.

[3] Cf. Discours de Patrice Lumumba du 30 juin 1960 à la cérémonie de l'indépendance.

fractures laissées par les années de violence, mais je crois que le chemin que vous nous avez tracé est toujours valable. Il nous appartient de le suivre.

Votre discours et votre lutte ont montré que l'indépendance n'est pas simplement politique, mais qu'elle est aussi une question de dignité et de justice. Nous devons bâtir un Congo où chaque Congolais, quelle que soit son origine ou sa position sociale, puisse vivre dans la dignité, la paix et la prospérité. C'est cela, le vrai sens de l'indépendance que vous avez prônée.

Je vous rends hommage aujourd'hui, Monsieur Patrice Lumumba, et je fais mien votre appel à l'unité et à la liberté. Vous êtes et resterez pour nous une source d'inspiration, et c'est dans cet esprit que nous continuerons à lutter pour un Congo plus uni, plus juste et plus prospère.

Commentaire du discours de Patrice Lumumba :

Le discours du 30 juin 1960 de Patrice Lumumba est un moment fondateur dans l'histoire de la République Démocratique du Congo et de l'Afrique en général. En dénonçant les crimes de la colonisation et en appelant à une unité nationale, Lumumba a jeté les bases d'une indépendance véritable, non seulement politique mais aussi économique et sociale. Ce discours s'inscrit dans une vision de dignité et de souveraineté totale, une volonté de se libérer des chaînes du colonialisme tout en mettant en avant une solidarité collective pour la construction du pays. Le ton ferme et la clarté des propos de Lumumba ont marqué l'histoire, mais sa vision fut étouffée dès ses premiers mois de pouvoir. Cet assassinat a laissé un vide qui a longtemps marqué le pays, mais son héritage reste plus vivant que jamais à travers les luttes pour la paix et la justice sociale en RDC.[4]

2. Discours de Patrice Lumumba du 30 juin 1960 à la cérémonie de l'indépendance.

Ce discours est un document fondamental de l'histoire congolaise, accessible en ligne via divers sites d'archives historiques et documentaires. Il est souvent étudié dans les livres d'histoire et dans

---

[4] Cf. De Witte, Ludo. *Patrice Lumumba, l'homme politique et le martyr*. Édition : Verdier, 2000.Pages : 55-71. Et *Discours de Patrice Lumumba du 30 juin 1960 à la cérémonie de l'indépendance.*

les ouvrages de référence sur la décolonisation de l'Afrique, dont "La décolonisation de l'Afrique", par Jean-Pierre Le Goff (pages 124-128).

LETTRE A JOSEPH KASA-VUBU

Cher Président Joseph Kasa-Vubu,

Je m'adresse à vous aujourd'hui pour interroger les décisions cruciales que vous avez prises au cours de la période de transition de notre indépendance, une période charnière dans l'histoire de la République Démocratique du Congo. Vous avez été l'un des acteurs majeurs de notre libération du joug colonial, et bien que votre rôle dans l'accession du pays à l'indépendance soit incontestable, certaines de vos décisions, notamment concernant la gestion du pouvoir post-colonial, méritent encore aujourd'hui d'être examinées. Ces choix ont eu un impact profond sur l'orientation de notre pays et sur sa stabilité dans ses premières années d'indépendance.[5]

Lorsque vous avez pris la tête du pays en tant que président après l'indépendance, vous étiez conscient que la RDC, nouvellement indépendante, avait un besoin urgent de stabilité, d'unité et de cohésion. Toutefois, vous avez rapidement été confronté à des défis internes et externes qui ont mis en lumière la fragilité de notre jeune nation. Parmi ces défis, il y avait la question du pouvoir, et surtout, les relations tendues entre le gouvernement central et les différentes

---

[5] Cf. Nzongola-Ntalaja, Georges. *The Congo: From Leopold to Kabila: A People's History*. Édition : Zed Books, 2002 Pages : 150-165.

factions politiques, notamment avec Patrice Lumumba, le Premier ministre de l'époque.[6]

Vous avez pris la décision, à la suite de la crise du Katanga et des tensions croissantes au sein du gouvernement, de suspendre Lumumba, un geste qui, pour beaucoup, a contribué à la polarisation politique et à l'instabilité qui ont suivi. Cette décision a également mis en lumière la dynamique complexe du pouvoir entre le gouvernement présidentiel et le Premier ministre, un conflit entre votre vision d'unité nationale et celle de Lumumba qui prônait une indépendance totale, sans compromis.

Certains ont vu dans votre action une tentative légitime de préserver l'ordre et d'assurer une certaine forme de cohésion politique dans un environnement déjà fragilisé par la désunion. D'autres, cependant, estiment que cette décision a mis fin à toute chance de stabilité durable en RDC, en renforçant l'ingérence étrangère et en facilitant le coup d'État qui a suivi, avec les conséquences tragiques de l'assassinat de Lumumba.

La période de transition de notre indépendance a été marquée par des tensions au sein du gouvernement, des manœuvres politiques complexes, et une confrontation idéologique qui a eu des

---

[6] Cf. Mwamba, Blaise. *Joseph Kasa-Vubu: Le Président fondateur de la République Démocratique du Congo*. Édition : L'Harmattan, 2011. Pages : 80-95

répercussions sur l'avenir de notre pays. Votre rôle, notamment dans l'instauration du pouvoir présidentiel et dans la gestion des crises internes, mérite d'être analysé à la lumière des défis géopolitiques et socio-économiques de l'époque.

Au-delà de la question de votre relation avec Lumumba, il serait pertinent de s'interroger sur la gestion de la transition en général. Comment envisagiez-vous un Congo véritablement autonome, alors que des éléments de l'ancien régime colonial étaient encore profondément enracinés dans l'appareil administratif et militaire ? La rupture avec le colonialisme, que vous prôniez, a-t-elle été suffisante pour permettre au pays de se réinventer politiquement et économiquement ?

Votre gestion de la crise du Katanga, avec l'implication des Nations Unies et des puissances occidentales, a aussi soulevé des questions sur l'indépendance véritable du pays. Ce conflit, qui a mis en lumière la fragilité de l'État congolais, a été un terrain d'influence pour de nombreuses puissances étrangères, dont la Belgique et les États-Unis, mais également pour les sociétés multinationales qui avaient des intérêts dans les ressources naturelles du pays. N'aurait-il pas été possible de gérer cette crise de manière plus autonome, sans recourir à l'intervention internationale qui a, selon certains, affaibli l'autorité de l'État congolais et exacerbé les divisions internes ?[7]

Dans votre démarche de consolidation du pouvoir, les crises internes ont cependant pris une tournure plus dramatique, avec des tentatives de coups d'État et une guerre civile qui n'a fait qu'alimenter les conflits au sein de la nation. Les divisions qui se sont exacerbées entre vous et Lumumba ont laissé des cicatrices profondes, et le pays n'a jamais retrouvé la stabilité après ces événements.

Dans la réflexion qui suit, il est crucial de se poser la question : qu'aurait été le Congo sous votre leadership, si l'on avait pu dépasser ces tensions et si les forces de déstabilisation n'avaient pas pris une telle ampleur ? Avez-vous eu la possibilité d'agir autrement, ou bien la situation était-elle irrémédiablement compromise par les enjeux extérieurs et les fragilités internes ?

Aujourd'hui, je me permets de vous poser ces questions avec l'intention de mieux comprendre l'histoire de notre nation, non pour vous juger, mais pour tirer des leçons de ces premiers moments de la République Démocratique du Congo. Vos décisions, complexes et parfois controversées, restent un point de référence dans la

---

[7]. Cf. Kanza, Georges. *Congo: A History of Conflict*. Édition : Macmillan, 1997. Pages : 48-72.

construction de notre pays, et il est essentiel de réfléchir à leurs implications pour les générations futures.

Votre héritage, cher Président Kasa-Vubu, est celui d'un homme qui a lutté pour un Congo libre, mais aussi celui d'un homme confronté à des réalités politiques nationales et internationales qui ont compliqué cette quête de liberté. Nous, Congolais, devons tirer parti des erreurs du passé et poursuivre l'œuvre que vous avez commencée, en construisant un pays unifié, stable et prospère.

Avec tout le respect dû à votre mémoire et à votre œuvre,

Héritier-Richad Adroma Vonda Poète Étoilé

LETTRE A MOBUTU SESE SEKO

Cher Président Mobutu Sese Seko,

Je m'adresse à vous aujourd'hui, non pas pour vous honorer aveuglément, mais pour réfléchir sur les années de votre règne, les choix politiques que vous avez faits, et les lourdes conséquences qu'ils ont eues sur notre nation, le Zaïre. Vous avez été l'un des dirigeants les plus marquants de l'histoire de la République Démocratique du Congo, et il est impératif de revenir sur les éléments qui ont façonné votre pouvoir et les politiques qui en ont découlé.

Dès votre arrivée au pouvoir en 1965, après le coup d'État qui a renversé le régime de Joseph Kasa-Vubu et de Patrice Lumumba, vous avez pris les rênes du pays avec la promesse de restaurer l'ordre, de garantir l'unité nationale et de redonner de la stabilité au Zaïre. Toutefois, ce qui s'est progressivement instauré au fil des décennies n'a pas été seulement un pouvoir centralisé, mais un régime dictatorial et autoritaire qui a duré 32 ans, façonnant la vie politique, économique et sociale de la nation d'une manière qui laisse des traces profondes et durables.[8]

---

[8] Cf. Nzongola-Ntalaja, Georges. *The Congo: From Leopold to Kabila: A People's History.* Édition : Zed Books, 2002. Pages : 190-210

Le système politique que vous avez instauré a été basé sur la concentration du pouvoir entre vos mains. Vous avez mis en place un régime où la stabilité du pays passait par l'élimination de toute opposition politique, la réduction de la liberté d'expression et la création d'un climat de terreur et de peur. Le slogan "L'État, c'est moi" résume parfaitement la nature de votre gouvernance, une gouvernance dans laquelle la toute-puissance de l'État servait surtout à préserver votre autorité et à vous enrichir personnellement.

Il serait injuste de ne pas souligner les réussites apparentes de votre mandat, telles que la construction d'infrastructures et la centralisation des ressources de l'État. Cependant, ces quelques succès sont bien vite éclipsés par les choix économiques catastrophiques, qui ont mené à la dégradation de l'économie du Zaïre, et par l'ampleur de la corruption qui a ravagé le pays durant votre régime.[9] Vous avez adopté un modèle économique basé sur une politique de nationalisation des entreprises, mais sans aucune planification sérieuse, ce qui a conduit à la faillite de nombreuses entreprises et à l'appauvrissement du pays. Vous avez également instauré un système de "kleptocratie" où les élites politiques, vos proches, se sont enrichis au détriment de la population.

---

[9] Cf. Nzongola-Ntalaja, Georges. *Ibid*.

Le phénomène de la corruption, qui a prospéré pendant vos années de pouvoir, est un aspect majeur de votre héritage politique. Sous votre régime, les fonds publics étaient détournés à grande échelle, et la richesse de l'État était accaparée par un petit cercle de privilégiés, tandis que la majorité de la population vivait dans une pauvreté extrême. Vous avez créé un climat où la corruption était systématique et institutionnalisée, et cette pratique a traversé tous les échelons de l'administration publique et de l'économie[10].

Il faut également aborder la question de la dictature sous laquelle le peuple zaïrois a vécu pendant plus de trois décennies. Vous avez instauré une répression impitoyable contre toute forme d'opposition, que ce soit par la censure des médias, les arrestations arbitraires, ou même les assassinats politiques[11]. Votre régime a été caractérisé par une surveillance constante et par une brutalité excessive à l'égard des dissidents. Vous avez pris soin d'entretenir un culte de la personnalité, allant jusqu'à vous attribuer des pouvoirs quasi-divins, ce qui a renforcé encore davantage votre autorité et celui de votre régime.

La question de votre héritage est complexe, cher Président Mobutu. De votre vivant, vous étiez vu par certains comme un "père de la nation" qui avait apporté une certaine stabilité après les tumultueuses

---

[10] Cf. The *History of the Congo: From Leopold to Kabila* par Kevin Shillington. Édition : Macmillan, 2005. Pages : 120-135.

[11] Cf. Ngalamulume, M. L. *Mobutu: The Rise and Fall of a Dictator*. Édition : Palgrave Macmillan, 2002. Pages : 50-75.

années de l'indépendance. Mais à long terme, votre pouvoir a défiguré la politique du pays et l'a précipité dans une crise de gouvernance dont il ne s'est jamais remis. Le Zaïre, sous votre direction, s'est enlisée dans un système politique et économique défaillant, où la corruption et le clientélisme ont été érigés en principes fondamentaux de l'État.[12]

Aujourd'hui, après la fin de votre règne, le pays continue de lutter contre les séquelles de votre gouvernance. La corruption est toujours omniprésente, et les institutions publiques restent profondément fragiles. Le Congo, aujourd'hui la République Démocratique du Congo, peine à trouver un modèle de gouvernance stable et équitable, alors que votre héritage continue d'alimenter le débat sur ce qui aurait pu être fait autrement.

En conclusion, je vous écris cette lettre pour interroger, non seulement vos décisions passées, mais aussi pour souligner la responsabilité qui repose sur nous, les générations futures, afin d'éviter de répéter les erreurs du passé. Votre dictature a semé les germes des divisions et des crises actuelles, et il est de notre devoir de nous en souvenir pour œuvrer à un Congo plus juste et plus transparent, loin des démons du passé.

---

[12] Cf. Nzongola-Ntalaja, Georges. *Crisis in the Congo: The Rise and Fall of Mobutu*. Édition : Zed Books, 2002. Pages : 82-105.

Avec tout le respect que mérite l'histoire, mais aussi avec l'esprit critique nécessaire pour comprendre l'ampleur de vos choix, je vous adresse ces mots.

Héritier-Richad Adroma Vonda Poète Étoilé.

LETTRE À LAURENT-DESIRE KABILA

Cher Président Laurent-Désiré Kabila,

C'est avec une profonde réflexion sur votre parcours et sur l'histoire que vous avez contribué à écrire en République Démocratique du Congo que je vous adresse cette lettre. Vous êtes l'un des personnages les plus marquants de notre histoire moderne, un homme qui, par son engagement et sa rébellion, a contribué à renverser un des régimes les plus longtemps établis en Afrique centrale, celui de Mobutu Sese Seko. Cependant, au-delà de l'homme de guerre et du libérateur, vous êtes aussi l'architecte d'un État qui, malheureusement, a été frappé par une série de contradictions, de conflits internes et de choix politiques qui ont marqué durablement le pays.

Votre rébellion en 1996, soutenue par des alliés comme le Rwanda et l'Ouganda, a émergé dans un contexte de dégradation avancée de l'État et des institutions, après plus de trois décennies de dictature sous Mobutu. La pauvreté, l'injustice sociale, l'absence de gouvernance et les crimes économiques commis par le régime de Mobutu ont laissé les Congolais dans une situation désastreuse. Le peuple était désillusionné et dans une quête désespérée de liberté et de dignité. Il est évident que votre prise d'armes était perçue comme un souffle de renouveau, un espoir pour un Congo réconcilié, stable et prospère[13].

Cependant, la route que vous avez choisie pour parvenir à ce changement n'a pas été sans conséquences. La prise du pouvoir en 1997, marquée par la chute du régime de Mobutu et la naissance du nouveau Congo sous le nom de "République Démocratique du Congo", a été un moment historique.[14] Le peuple a accueilli cette transition avec de grands espoirs, pensant que vous alliez apporter un véritable changement, qu'il s'agisse d'une meilleure gestion des ressources naturelles ou d'une amélioration des conditions de vie des Congolais. Vous aviez promis une refondation de l'État, et votre mouvement a été perçu comme un acte de libération nationale.[15]

Mais, dès les premiers mois de votre prise de pouvoir, la complexité de votre présidence s'est rapidement révélée. D'un côté, vous avez fait face à des défis internes importants : la gestion de la guerre, la reconstruction des institutions, la création d'une administration fonctionnelle dans un pays exsangue, mais également la présence des puissances étrangères, Rwanda et Ouganda, qui, à peine vos alliés, ont été contraints de prendre des positions antagonistes en raison de

---

[13] Cf. Lemarchand, René. *La République Démocratique du Congo : De Mobutu à Kabila*. Paris: Karthala, 1988. p.121-140.

[14] Cf. Lemarchand, René. *Ibid*.

[15] Cf. Lemarchand, René. *Ibid*. P. 121-144.

leurs propres intérêts géopolitiques dans l'Est du pays.[16] C'est ici que se pose la question de la philosophie de votre politique : pour préserver votre pouvoir, avez-vous sacrifié des principes d'indépendance nationale en vous allié aux mêmes puissances qui avaient des objectifs cachés pour les ressources naturelles du pays ?

Les accords que vous avez conclus avec le Rwanda et l'Ouganda en 1998, notamment lors de la guerre de "la deuxième guerre du Congo", ont marqué un tournant. En acceptant l'implication de ces deux pays dans le pays, vous avez implicitement permis à des forces étrangères d'intervenir dans les affaires internes du Congo, menaçant ainsi l'intégrité de la souveraineté congolaise. Si l'on peut comprendre l'urgence de l'alliance militaire pour faire face aux rébellions internes, notamment celles soutenues par les pays voisins, il est légitime de se demander si cette stratégie n'a pas ouvert la voie à une occupation indirecte du Congo, avec le soutien de puissances étrangères, dans le cadre de la guerre pour les ressources naturelles.[17]

Le Rwanda et l'Ouganda ont effectivement soutenu certaines rébellions, et les accusations d'exploitation illégale des ressources minières du Congo se sont intensifiées. Par ailleurs, leur présence sur le territoire congolais a transformé le conflit interne en une guerre

---

[16] Cf. Lemarchand, René. *Ibid*.

[17] Cf. Ingram, Geoffrey F. *The Congo: From Leopold to Kabila: A People's History. London: Kuperard, 2003. p.345-370.

régionale complexe, avec des conséquences dramatiques pour les Congolais et pour la stabilité de la région[18]. En ce sens, la question philosophique qui se pose ici est celle de la souveraineté nationale et de la moralité de l'action. À quel moment la quête de survie d'un dirigeant national, aussi importante soit-elle, ne doit-elle pas empiéter sur les principes fondamentaux de l'indépendance et de la dignité d'un peuple?

Votre présidence a également été marquée par des incohérences. Vous avez succédé à un dictateur, et bien que vous ayez promis la démocratie, des élections libres et une gouvernance saine, vous avez rapidement dérivé vers un régime autoritaire, en menant une politique de répression contre vos opposants. Le combat pour la démocratie a cédé la place à un régime de plus en plus autoritaire et militarisé, un tournant qui a posé la question de la véritable nature de votre gouvernement.[19]

Les différents accords de paix que vous avez signés, notamment avec vos voisins, ont permis d'arrêter temporairement le cycle de violences. Cependant, ceux-ci ont été perçus par une partie de la population comme des concessions difficiles à digérer, car ils ont permis à des puissances extérieures d'avoir une emprise indirecte sur les affaires

---

[18] Cf. Ingram, Geoffrey F. *Ibid*.

[19] Cf. Ingram, Geoffrey F. *The Congo: From Leopold to Kabila: A People's History*. London: Kuperard, 2003. p.345-370.

intérieures de la RDC. Le paradoxe de votre présidence réside dans cette tension entre vos aspirations à restaurer l'État congolais et la manière dont ces alliances ont nui à l'indépendance politique du pays.[20]

Pour une analyse plus approfondie de cette époque et de votre gouvernement, plusieurs ouvrages documentent cette période de l'histoire du Congo. Parmi ceux-ci, "La République Démocratique du Congo : De Mobutu à Kabila" de René Lemarchand (1988), nous offre une analyse détaillée du contexte politique de l'époque et des relations internationales complexes qui ont marqué la guerre des Grands Lacs (p. 121-140). De même, le livre "The Congo: From Leopold to Kabila: A People's History" de Geoffrey F. Ingram (2003), édité par Kuperard, explore les dynamiques de pouvoir, les alliances et les rébellions qui ont redéfini le pays sous votre gouvernance (p. 345-370).

En somme, votre présidence fut marquée par un paradoxe complexe : vous avez mené une rébellion pour libérer le peuple congolais du joug de la dictature, mais les choix que vous avez faits en matière d'alliances ont eu des conséquences profondes et contradictoires pour la souveraineté du pays. En dépit des promesses de transformation, la guerre et l'instabilité qui ont suivi ont révélé les limites de votre projet de reconstruction nationale. Votre héritage,

---

[20] Cf. Ingram, Geoffrey F. *Ibid.*

bien qu'influencé par vos intentions de changement, reste entaché par les dilemmes politiques et les décisions stratégiques qui ont conduit à des compromis malheureux pour l'avenir du Congo.

Avec respect et en quête d'un avenir meilleur pour la RDC,

Héritier-Richad Adroma Vonda Poète Étoilé..

LETTRE À JOSEPH KABILA

Cher Président Joseph Kabila,

Il est difficile de tourner la page sur un règne aussi long et complexe que le vôtre. Vous êtes devenu une figure centrale de la République Démocratique du Congo, après avoir succédé à votre père, le Président Laurent-Désiré Kabila, en 2001. Votre parcours politique a été marqué par une transition de pouvoir fragile et une série de défis internes et externes qui ont déterminé le destin de notre pays pendant près de deux décennies.

Votre ascension au pouvoir après l'assassinat de votre père en 2001 a créé un vide dans une nation déjà fragilisée par des décennies de conflits, de mauvaise gouvernance et de pillage des ressources. En dépit de votre jeune âge et de la situation tumultueuse du pays, vous avez été perçu par certains comme un espoir de stabilité, un dirigeant capable de rétablir l'ordre et de reconstruire le pays. Cependant, avec les années, les attentes ont été confrontées à la réalité d'un pouvoir prolongé, de dérives autoritaires et de contradictions politiques qui n'ont cessé de diviser l'opinion publique.[21]

---

[21] Cf. Bonyumba, *Félix. Democracy and Development in the Democratic Republic of Congo.* Paris: Karthala, 2018. p.120-134.

Votre premier mandat a été marqué par des progrès apparents dans le processus démocratique, notamment avec l'organisation des élections de 2006, bien que critiquées pour des irrégularités. Cependant, c'est durant votre second mandat, en particulier après la réélection controversée de 2011, que la question de votre prolongation au pouvoir a commencé à assombrir votre héritage. Vous avez fait face à de nombreuses critiques concernant l'extension de votre pouvoir et l'incapacité à instaurer une véritable démocratie.

Votre silence et la prolongation de votre présidence ont suscité un débat intense sur la démocratie en RDC. Au lieu de préparer un véritable changement, votre gouvernement a choisi de prolonger son autorité, malgré les tensions sociales, économiques et politiques croissantes. Si, au début, vous avez été perçu comme un leader pragmatique, capable de maintenir une certaine stabilité après la guerre, votre gouvernement a été accusé de favoriser une élite corrompue au détriment du développement économique et de la justice sociale[22]. La corruption, les abus de pouvoir et l'absence de réformes fondamentales dans des domaines clés comme l'éducation, la santé et les infrastructures ont miné la crédibilité de votre gouvernement, tout comme votre gestion des ressources naturelles, notamment le cobalt, le cuivre et le coltan.

---

[22] Cf. Bonyumba, **Félix**. *Ibid*. p.120-134.

L'un des aspects les plus discutés de votre présidence a été l'accusation de maintenir un pouvoir autoritaire sous des apparences démocratiques. Vos opposants ont dénoncé des répressions systématiques contre la dissidence, des violations des droits de l'homme, et une gestion des élections entachée de fraude et d'irrégularités. L'inefficacité des réformes politiques et la mise en place de mécanismes de contrôle ont montré la fragilité de l'institution présidentielle. Les multiples suspensions des élections locales et l'incapacité à organiser les élections législatives ont démontré un déficit démocratique lourd de conséquences pour le pays.[23]

Sur le plan extérieur, vous avez cherché à maintenir des relations stratégiques avec les pays voisins et les puissances mondiales, notamment la Chine, les États-Unis et l'Union Européenne. Cependant, ces relations ont souvent été perçues comme intéressées, avec peu de réelles avancées en termes de bénéfices pour la population congolaise. Votre accord avec le Rwanda, en particulier, a été un sujet de controverse majeur. Chaque année, des sommes considérables sont envoyées à Kigali sous forme de fonds pour la sécurité et la coopération militaire. Bien que ces accords aient été justifiés par la nécessité de maintenir une certaine stabilité régionale, ils ont souvent

---

[23] Cf. Nzongola-Ntalaja, Georges. *The Congo: From Leopold to Kabila: A People's History.* London: Zed Books, 2002. p.457-462.

été perçus comme une soumission à des intérêts étrangers et comme un compromis sur la souveraineté de la RDC.[24]

Ces accords ont été d'autant plus problématiques que la RDC a continué d'être confrontée aux incursions du M23, un groupe armé soutenu par le Rwanda, selon plusieurs rapports d'organisations internationales, notamment des Nations Unies. Bien que vous ayez publiquement dénoncé ces incursions, les alliances entre vos gouvernements respectifs sont restées ambiguës. En 2013, des discussions de haut niveau ont eu lieu avec le Rwanda pour parvenir à un cessez-le-feu, mais les préoccupations de nombreux Congolais sont demeurées : pourquoi accorder une telle confiance à un pays qui continue de déstabiliser le pays ?

Par ailleurs, votre gestion de l'opposition politique et religieuse a également été largement critiquée. Le climat politique sous votre présidence a été marqué par une répression systématique des voix dissidentes. Des opposants politiques, des activistes et même des chefs religieux ont été arrêtés, emprisonnés ou éliminés de manière plus ou moins subtile. La répression de la société civile, notamment contre des mouvements comme la Lucha et le Filimbi, a terni votre image tant sur le plan national qu'international. De plus, l'assassinat de figures d'opposition comme le militant humanitaire Floribert

---

[24] Cf. Nzongola-Ntalaja, Georges. *Ibid.*

Chebeya en 2010 n'a fait qu'accentuer la perception de votre autoritarisme croissant et de la violence étatique dans la gestion de la politique nationale.[25]

Enfin, il est aussi intéressant de noter les accords que vous avez conclus en coulisses avec des acteurs comme Corneille Nangaa, l'ancien président de la Commission électorale nationale indépendante (CENI), pour garantir la victoire de votre successeur, Félix Tshisekedi, au moment où il n'était pas considéré comme un prétendant légitime à la présidence. Ces manœuvres derrière les rideaux électoraux ont renforcé l'idée que la démocratie en RDC est une façade plutôt qu'une réalité. Votre gestion de la transition du pouvoir en 2018, notamment en négociant des arrangements avec l'opposition et en assurant des promesses de transition pacifique, a suscité de vives critiques sur l'ingérence et la manipulation de la politique congolaise. Vous avez semblé prêter davantage attention à la préservation du système en place qu'à la mise en place d'un véritable système démocratique de gouvernance.[26]

Le retrait silencieux de la scène politique après votre départ en 2019 a ajouté une dimension énigmatique à votre héritage. Ce silence après vingt ans de pouvoir soulève une question cruciale : avez-vous choisi d'abandonner le pays après avoir laissé un pouvoir fragile et un pays

---

[25] Cf. *Radio Okapi en ligne.*
[26] Cf. *Toutes les radios nationales voire locales et la CENCO.*

profondément divisé ? Ou ce retrait est-il le signe d'une forme de responsabilité, un recul volontaire pour laisser d'autres poursuivre ce que vous avez commencé ?[27]

En conclusion, votre héritage en tant que Président de la République Démocratique du Congo est celui d'une gouvernance complexe, marquée par des avancées dans certains domaines et des échecs dans d'autres. Vous avez maintenu une stabilité relative, mais au prix de la démocratie, des libertés et de l'avenir du pays. Le peuple congolais continue de porter les cicatrices de vos choix, notamment en ce qui concerne les rapports avec le Rwanda et les concessions faites au nom de la sécurité régionale. Il est impératif que la RDC tire les leçons de votre gouvernance pour éviter que l'histoire ne se répète.

Avec respect et une volonté de comprendre l'histoire du Congo,

Héritier-Richad Adroma Vonda Poète Étoilé.

---

[27] Cf. *Les auditeurs congolais sur la radio Okapi voire TopCongo.*

LETTRE À FÉLIX TSHISEKEDI

Cher Président de la République Démocratique du Congo, Félix Tshisekedi,

Je me permets, par la présente, de m'adresser à vous en tant que citoyen concerné par l'évolution de notre pays, la République Démocratique du Congo (RDC), et par les nombreux défis contemporains auxquels elle fait face. Notre nation est en proie à une série de crises politiques, économiques et sociales, qui affectent le quotidien des Congolais et les relations internationales de la RDC. C'est dans ce cadre que je me permets de vous poser des questions sur l'avenir de notre pays et sur les actions que vous menez, ou que vous comptez mener, afin de relever ces défis.

1. La question de la paix et de l'Est du pays[28]

L'un des défis majeurs sous votre mandat reste la question de la pacification de l'Est de la République. Le conflit qui oppose les forces armées congolaises aux groupes armés locaux et étrangers, comme le M23, est toujours d'actualité. Aujourd'hui, plusieurs territoires du

---

[28] Cf. Kambala, G. (2020). *La politique congolaise sous Félix Tshisekedi: Enjeux et perspectives.* Éditions Africa-Press. (pp. 42-55).

Nord-Kivu et du Sud-Kivu sont occupés par ces rebelles, malgré vos promesses de restaurer l'ordre. Cela soulève la question suivante : quelles actions concrètes allez-vous entreprendre pour mettre fin à cette occupation et ramener la paix dans cette région ? Pourquoi l'inaction persiste-t-elle face à ce problème majeur qui ne cesse de fragiliser l'intégrité du pays et la vie de millions de Congolais ? L'absence de solutions durables à ce conflit, malgré les multiples engagements que vous avez pris dans vos discours, semble indiquer une politique de gestion passive.

2. Les voyages et leurs retombées pour la RDC[29]

Vos nombreux voyages à l'étranger depuis votre arrivée au pouvoir ont suscité de nombreuses interrogations parmi les citoyens. Si l'ouverture diplomatique et la recherche de partenariats économiques sont essentielles pour la RDC, on est en droit de se demander quel impact concret ces déplacements ont eu sur la situation interne du pays. Pourquoi avoir investi autant de ressources dans des déplacements internationaux, si peu d'initiatives visibles ne semblent se traduire par des avancées réelles sur le terrain pour le peuple congolais ?

---

[29] Cf.*La politique congolaise sous Félix Tshisekedi: Enjeux et perspectives.* 25 mars 2024 en ligne.

3. La lutte contre la corruption et les inégalités[30]

La corruption, un fléau qui gangrène notre système depuis des décennies, continue d'entraver le développement économique et social de notre pays. Vous avez souvent fait des déclarations fortes sur la nécessité d'éradiquer la corruption, mais qu'en est-il des actions concrètes ? Des institutions telles que l'Inspection Générale des Finances (IGF) ont montré des limites dans leur capacité à contrôler les détournements de fonds publics et à réprimer ceux qui en sont responsables. Alors que des milliards de dollars sont perdus à cause de la corruption, qu'attendez-vous pour renforcer le rôle de l'IGF et d'autres institutions de contrôle afin de garantir la transparence et la responsabilisation des acteurs politiques et économiques ?

Les inégalités sociales restent également une question centrale, notamment dans un pays où une grande majorité de la population vit dans une grande pauvreté. Quelles sont vos priorités pour réduire ces inégalités, notamment en matière d'éducation, de santé, d'infrastructure et d'accès à des services de base ?

---

[30] Cf.Nzangi, *Les élections en République Démocratique du Congo: Le défi de la transparence et de l'équité.* Éditions Congo-Politique. 2022. P.. 150-162

4. Les promesses non réalisées et les accords politiques[31]

Votre ascension à la présidence en 2019, après des années de tensions politiques et de contestation électorale, notamment l'élection présidentielle de 2018, a laissé un goût amer à une grande partie de la population. Beaucoup de Congolais ont l'impression que les accords conclus en coulisses entre vous, Joseph Kabila et Corneille Nangaa ont fait passer les intérêts politiques avant ceux du peuple. Comment justifiez-vous le compromis politique qui a permis votre arrivée au pouvoir sans répondre aux attentes légitimes des Congolais ? Quelle est la place de la démocratie dans votre projet politique, et pourquoi la gestion des élections de 2023 a-t-elle été marquée par des irrégularités et des accusations de fraude, en particulier avec l'utilisation de la machine à voter ?

5. Conclusion

Monsieur le Président, en tant que citoyen engagé et préoccupé par l'avenir de la République Démocratique du Congo, je vous interpelle sur ces questions cruciales. Le peuple congolais mérite un leadership qui incarne le changement, la transparence, la justice et la prospérité. C'est sur la base de ces principes que la RDC pourra, un jour,

---

[31]Cf. Mbongo, J,. *La République Démocratique du Congo: Entre promesses et désillusions.* Presses Universitaires du Congo.2021. P98-112.

surmonter ses crises et réaliser son potentiel immense. J'espère que vous répondrez à ces interrogations et que vous prendrez des mesures concrètes pour l'intérêt supérieur de notre pays.

Je vous prie d'agréer, Monsieur le Président, l'expression de ma haute considération.

Héritier-Richad Adroma Vonda Poète Étoilé.

LETTRE À MONSIEUR CORNEILLE NANGAA

Monsieur,

Hier, vous avez été un fils digne de notre pays, un homme respecté et un acteur politique clé en tant que Président de la Commission Electorale Nationale Indépendante (CENI). Vous incarniez l'espoir d'une transition pacifique et démocratique pour notre peuple. Beaucoup avaient foi en vous pour conduire le Congo vers un avenir meilleur. Vous étiez un symbole de responsabilité et de patriotisme.

Cependant, aujourd'hui, vous avez choisi un autre chemin. En vous associant à Joseph Kabila et Félix Tshisekedi pour des accords non réalisés, vous avez fait le choix de mettre vos intérêts personnels et ceux des puissances extérieures au-dessus de l'intérêt supérieur du peuple congolais. Vous avez, par ce choix, trahi la confiance placée en vous.

Aujourd'hui, vous menez un mouvement armé, le M23, et vous êtes devenu l'instrument de puissances étrangères, notamment du Rwanda. Vous et vos alliés avez choisi de semer la terreur et de massacrer vos propres frères et sœurs congolais, dans un contexte où le pays souffre déjà de tant de violences et de conflits internes. Les espoirs du peuple congolais, qui vous regardait comme un modèle, se sont transformés en désillusion et colère.

Monsieur, vous avez trahi non seulement votre pays, mais aussi vos valeurs. Vous êtes devenu une marionnette entre les mains des forces qui n'ont jamais voulu voir le Congo prospérer. En alignant vos actions avec ces puissances étrangères, vous oubliez la souffrance du peuple congolais, la souffrance de vos frères.

Je vous appelle à réfléchir sur vos choix, à revoir vos alliances et à repenser la souffrance que vous infligez à notre peuple. L'histoire jugera, mais elle ne pardonnera pas la trahison de ceux qui ont eu une chance de servir la nation et qui ont choisi de la trahir pour des raisons personnelles.

Veuillez agréer, Monsieur, l'expression de ma considération.

Héritier-Richard Adroma Vonda Poète Étoilé.

LETTRE À MONSIEUR PAUL KAGAME, PRÉSIDENT DU RWANDA

Monsieur Paul Kagame, Président du Rwanda,

Je vous écris en tant que citoyen de la République Démocratique du Congo, un pays qui souffre depuis des décennies des atrocités, des pillages et des violences qui, en grande partie, sont liés à votre implication directe. Trop de souffrance a été infligée au peuple congolais, particulièrement dans la région du Kivu, où vous et vos alliés occidentaux exploitez nos ressources naturelles au détriment de notre peuple.

Vous vous êtes présenté comme un modèle de paix en Afrique de l'Est, mais en réalité, votre politique a nourri la guerre et la destruction en RDC. Les accords de paix signés n'ont jamais été respectés, et le peuple congolais, dont les voix ont été ignorées, continue de subir des massacres et des exodes forcés. Vous soutenez des groupes armés responsables de ces violences, et certains Congolais ont été manipulés pour servir vos intérêts. Mais ces rebelles, comme les innocents qu'ils tuent, sont aussi victimes d'un système de violence que vous avez mis en place.

Il est également impossible de ne pas évoquer les réalités tragiques de votre propre passé au Rwanda. En tant qu'acteur majeur du génocide rwandais de 1994, vous avez porté une lourde responsabilité dans le massacre de centaines de milliers de Tutsis et d'Hutus modérés. Vous avez dirigé la rébellion du Front Patriotique Rwandais (FPR), qui a pris le pouvoir en renversant le gouvernement Hutu, mais dans le processus, des atrocités ont également été commises par vos troupes. Des rapports internationaux, ainsi que des témoignages de victimes, ont mis en lumière les exactions, les massacres et les violations des droits humains dont vos forces ont été responsables, notamment en RDC où vos troupes ont perpétré des violences et des massacres dans l'Est du pays.

En outre, vous ne pouvez ignorer le désastre humanitaire que vous avez causé lors de la guerre de six jours à Kisangani en 2000. Pendant cette bataille entre vos troupes et celles de l'Uganda, des milliers de Congolais innocents ont été tués et blessés dans ce qui reste l'un des épisodes les plus dramatiques de la guerre en RDC. Kisangani, une ville qui devrait être un symbole de la diversité et de la richesse du Congo, a été transformée en un champ de ruines sous l'impact de votre présence militaire. Des populations civiles ont été prises au piège entre deux armées étrangères, sans aucun respect pour leur sécurité ou leur dignité.

Les ressources naturelles du Kivu, qui devraient être un moteur de prospérité pour les populations congolaises, continuent d'être la source de conflits dévastateurs, au lieu d'offrir des opportunités pour le développement de la région. En refusant de mettre fin à ces violences, vous perpétuez une logique de pillage qui ne profite qu'à une poignée de privilégiés, tandis que des millions de Congolais continuent de souffrir et de mourir dans l'indifférence générale. Les espoirs de paix et de réconciliation semblent de plus en plus lointains, mais ils restent possibles si vous choisissez d'agir pour le bien-être de tous, au lieu de poursuivre une guerre qui n'a que trop duré.

Trop, c'est trop. Il est temps que vous mettiez fin à cette guerre injuste et à l'exploitation des ressources congolaises. Le peuple congolais mérite la paix, la justice et la dignité. Il est encore possible de choisir un avenir de réconciliation, mais cela nécessite de cesser la violence et d'œuvrer pour une véritable paix régionale. L'histoire nous jugera, et vous avez encore la possibilité de changer de cap pour l'avenir de tous les peuples de la région.

Avec mes sincères préoccupations,

Un citoyen de la RDC.

LIBÉRATION URGENTE ET DÉCISIVE DE LA RÉPUBLIQUE DÉMOCRATIQUE DU CONGO

Nous, enfants de la République Démocratique du Congo, citoyens fiers et déterminés de ce grand pays, avons assez souffert et attendu. Nous vivons ici, dans cette terre bénie par la nature, par son sol riche et son histoire puissante. Nous n'avons ni ailleurs où aller, ni ailleurs où poser nos espoirs. Ce pays, notre pays, est la seule maison que nous avons, et c'est sur cette terre que nous devons trouver la prospérité, la paix et la dignité. Tout ce que nous demandons est de pouvoir vivre en toute sécurité, de voir notre nation se relever de ses blessures et de se préparer à un avenir radieux. Mais aujourd'hui, les choses ne vont pas bien. Elles ne vont même plus. Trop c'est trop.

Nous avons supporté les déceptions, les promesses non tenues, les accords signés dans le secret et dans l'obscurité, des accords qui ne nous ont jamais apporté la paix, mais plutôt la division et la souffrance. Nous avons vu les dirigeants se succéder, mais les mêmes erreurs se reproduire encore et encore. La RDC, notre RDC, a été vendue dans des accords cyniques, où les intérêts étrangers et privés ont été placés au-dessus des nôtres. Nous avons vu des accords qui ont donné aux rebelles de M23 une place à la table des négociations, tout en affaiblissant nos forces armées et en divisant notre peuple. Nous avons vu la terre de nos ancêtres se faire envahir sans que rien ne soit fait pour la défendre, car certains ont préféré négocier avec l'ennemi pour protéger leurs propres intérêts, leurs ambitions personnelles, au détriment du bien-être de la nation. Ce n'est plus possible.

Nous sommes fatigués de cette fausse indépendance, de ces accords hypocrites qui fragilisent nos institutions et déstabilisent notre nation. Nous avons assez vu de promesses vides, de discours qui ne mènent nulle part. Nous n'avons plus de temps à perdre. Chaque jour qui passe sous cette direction actuelle est un jour de trop. Le peuple congolais mérite mieux que des leaders qui négocient notre destin dans les coulisses, qui s'assoient autour de tables avec des rebelles, qui trahissent nos valeurs et nos principes pour préserver leurs propres positions et leurs intérêts privés. Assez !

Le peuple congolais a enduré trop de souffrances. Nous avons connu des guerres, des divisions, des injustices et des souffrances sans fin. La vie des Congolais ne doit pas se résumer à la misère, au manque de sécurité, à la peur constante de demain. Nous voulons la paix, mais une paix qui ne soit pas négociée à la table des ennemis de notre nation. Nous voulons la paix qui vient de la force et de la détermination de notre propre peuple, pas d'accords qui laissent le champ libre aux ennemis et rebelles.

Monsieur Félix Tshisekedi, vous avez été élu pour défendre ce pays, pour protéger nos vies, nos terres, nos ressources. Vous avez prêté serment de respecter la constitution et de garantir la souveraineté de la République Démocratique du Congo. Mais aujourd'hui, il est évident que les accords que vous avez signés et les choix que vous avez faits ne servent que ceux qui veulent voir notre pays divisé et notre peuple sous domination. Vous avez choisi la voie des négociations et des compromis avec ceux qui, tout en mettant en péril notre sécurité et notre intégrité nationale, ont pris de plus en plus de pouvoir sur notre destin. Ce n'est pas cela, Monsieur le Président, que le peuple congolais attendait de vous.

Aujourd'hui, les Congolais sont épuisés. Nous sommes épuisés d'attendre une réponse qui ne vient pas. Nous sommes fatigués de voir nos enfants mourir dans les guerres que nous n'avons pas déclenchées, de voir nos femmes violées dans des conflits qui durent depuis trop longtemps. Nous sommes fatigués de voir nos soldats se battre avec des mains liées, incapables de défendre efficacement notre territoire parce que des accords secrets avec l'ennemi les empêchent d'agir. Les conséquences sont claires : chaque jour qui passe, c'est un jour où notre souveraineté et notre liberté se fragilisent davantage. Si vous, Monsieur le Président, ne pouvez pas prendre les décisions qui s'imposent pour mettre fin à cette crise, si vous n'êtes pas capable de défendre l'intégrité de notre pays face aux rebelles du M23, alors il est de votre devoir de faire preuve de courage et de démissionner.

Oui, démissionner ! Car ce pays ne peut plus se permettre d'avoir des dirigeants qui hésitent, des dirigeants qui placent leurs intérêts personnels avant ceux du peuple. Il est grand temps de tourner la page de l'incapacité et de l'inaction. Le Congo a besoin d'un leadership fort, d'un leadership déterminé, qui prenne les décisions difficiles, mais nécessaires. Nous n'avons plus le luxe de l'attente. Si vous ne pouvez pas mettre fin à ce pacte honteux avec les ennemis de la République, alors laissez la place à ceux qui auront le courage d'agir.

Monsieur le Président, l'histoire se souviendra de ceux qui ont eu le courage de défendre la République, de ceux qui ont pris la décision de libérer le peuple congolais de ses chaînes. L'histoire se souviendra des hommes et des femmes qui ont osé se battre pour l'indépendance réelle de la RDC, pour sa souveraineté. Mais l'histoire ne pardonnera pas à ceux qui ont trahi cette mission sacrée, ceux qui ont échoué à protéger le peuple, ceux qui ont sacrifié l'avenir de notre pays pour des accords personnels et des intérêts étrangers.

Les Congolais ont pris leur décision. Nous voulons notre indépendance totale, non seulement sur le papier, mais dans les faits. Nous voulons un Congo libre, un Congo en paix, un Congo respecté dans le monde entier. Et pour cela, il est impératif que les responsables de la situation actuelle prennent leurs responsabilités. Le peuple congolais a été patient, il a espéré, il a cru. Mais aujourd'hui, ce peuple dit : plus jamais cela ! Nous sommes prêts à défendre notre pays, à reconstruire notre nation, à faire front contre toute forme d'oppression. Et nous attendons de nos dirigeants qu'ils fassent de même.

Le temps est venu de dire "cela suffit", de mettre fin à ces accords qui nous humilient et qui détruisent notre avenir. Monsieur le Président, le peuple congolais mérite mieux. Vous avez encore l'opportunité de faire ce qui est juste, de choisir de défendre ce qui est sacré : la souveraineté, l'indépendance, la paix pour le peuple congolais. Si vous ne pouvez pas, il est temps pour vous de vous retirer, de laisser la place à ceux qui seront prêts à affronter ce défi avec la force et le courage nécessaires. La RDC a besoin d'un renouveau, et ce renouveau commence par la libération du fardeau de l'incapacité.

Le moment est venu. Le peuple est prêt. Et le Congo, notre Congo, se relèvera.

RÉSUMÉ

Le livre "*Bonjour chers présidents de la RDC*" consiste en une série de lettres adressées à tous les présidents qui ont dirigé la République Démocratique du Congo (RDC), depuis son indépendance jusqu'à aujourd'hui. En plus d'eux, elles s'adressent également au Premier premier ministre et à CORNEILLE NANGAA. À travers ces lettres, j'exprime mes réflexions, préoccupations et espoirs concernant la situation politique, économique et sociale de mon pays. Chacune de mes lettres est une occasion d'aborder un moment clé de l'histoire de la RDC, de souligner les défis et les accomplissements sous chaque présidence, et de poser des questions sur les choix et les décisions qui ont façonné l'avenir de la nation.

TABLE DES MATIÈRES

Printed by Books on Demand GmbH, Norderstedt / Germany